AF362794

SOUVENIR A MA SOEUR

SOUVENIR A MA SOEUR

NOTICE

Lorsque la mort est venue nous ravir des êtres tendrement chéris, nous trouvons nos consolations les plus vraies dans la Foi qui donne la ferme espérance de revoir un jour ceux qu'on a perdus.

Mais, après ces consolations incomparables, il n'est pas à notre douleur, d'adoucissement plus grand que le doux souvenir de ces personnes que nous avons aimées.

Après plus de deux ans de silence, j'éprouve le besoin de retracer quelques traits de la vie simple et édifiante de ma bonne sœur, Rose Dupin, décédée à Fourvière, le 29 décembre 1885.

Il y a peut-être quelque apparence de prétention pour un frère à parler de sa sœur? Sans chercher aucune justification, je réclame l'indulgence des personnes qui l'ont connue ; c'est à elles seules que j'offre cette petite notice, avec la pensée qu'elle leur sera agréable ; si elle peut leur être utile, tout mon désir sera satisfait.

Enfant d'une famille nombreuse et peu riche, Rose, surnommée Rosette, fut privée de l'instruction pour laquelle cependant elle avait une grande aptitude. Après quelques mois d'école, durant ses premières années, elle sut lire et écrire d'une manière rigoureusement suffisante. Dès qu'elle eut fait sa première communion, elle fut livrée aux occupations du ménage, afin de soulager la bonne mère, affaiblie par le travail et les infirmités.

A partir de cette époque, Rose, quoique jeune, devint la cheville-ouvrière et l'âme de sa famille. Pleine de courage et d'activité, elle se dépensait sans réserve, mettant la main à tout, afin d'épargner le plus possible le père et la mère.

Il y aurait ici des choses édifiantes à dire sur sa piété filiale et sa délicatesse envers les bons parents. Toujours attentive à prévenir leurs désirs, elle évitait soigneusement ce qui aurait pu leur causer le plus petit chagrin.

Elle eut au suprême degré le culte de la famille : c'est pour elle qu'elle s'est sacrifiée toute sa vie. Plusieurs partis, relativement avantageux, lui avaient été offerts, elle n'en accepta aucun, afin de ne pas priver les siens de son assistance.

Garde-malade dévouée, elle consentait difficilement de partager avec d'autres cette fonction. Elle a eu le contentement de prodiguer ses soins et de fermer les yeux au père, à la mère, et à la pieuse sœur Marguerite.

Ces deux sœurs si unies rappelaient les sœurs de Lazare : Marguerite, par son recueillement, était l'image de Marie ; Marthe était représentée par l'active Rose qui prenait pour elle les embarras de la maison

Elle joignait à cela le souci d'un commerce assez considérable.

Chaque samedi, la pauvre fille partait pour une localité distante d'une lieue. Elle portait au bras un panier bien lourd; de plus, en traversant le village, elle acceptait de nombreuses commissions, dont elle s'acquittait avec une exactitude ravissante.

A la fin de ces rudes journées, elle revenait harrassée de fatigue, mais elle s'estimait bien dédommagée, si elle avait réussi à satisfaire tout son monde.

Dans les familles nombreuses et peu aisées, les enfants, pour gagner leur vie, sont contraints d'émigrer loin du toit paternel. De onze enfants, sept survivaient ; j'étais le plus jeune, et pour m'ouvrir la carrière ecclésiastique, tous, je le dis avec reconnaissance, avaient consenti aux sacrifices nécessaires ; ma sœur, qui était aussi ma marraine, avait surtout donné l'exemple. Des quatre frères, associés dans le commerce, aucun n'était établi, et c'était la bonne sœur qui prenait soin de tout.

Cette pourvoyeuse dévouée était surtout admirable le jour d'un départ. Avec quelle sollicitude elle préparait la malle de voyage! Prévoyant tous les besoins imaginables, elle croyait n'y pourvoir jamais suffisamment. Elle eut voulu enfermer tout ce qu'elle avait dans l'étroite valise; on peut le dire, elle y mettait son cœur. Son dévouement pour les siens était absolu; volontiers elle se serait sacrifiée elle-même, afin de leur être utile.

Je croirais manquer au devoir de la reconnaissance, si je ne rappelais ici ce que fut pour moi cette bonne sœur, dans une circonstance exceptionnelle.

A la suite d'un grave accident, je dûs rester dix mois

dans un hôpital. En apprenant cette triste nouvelle, ma sœur partit sur le champ pour venir me prodiguer ses soins. Je souffrais beaucoup, mais je crois que dans son cœur si sympathique, elle souffrait encore davantage.

Durant ce long séjour, elle ne voulut pas consentir à prendre un peu de repos; jour et nuit, elle me donnait ses soins les plus affectueux.

Au souvenir de tant de dévouement, quelle reconnaissance ne lui dois-je pas?

Dévouée envers sa famille, Rose le fut aussi pour le prochain. Il y aurait ici le témoignage unanime des habitants de notre cher village où elle a passé plus de soixante années de sa vie.

Pour elle, les voisins étaient des amis; heureuse de leur être utile ou agréable, elle avait avec eux les rapports les plus intimes, et une douce gaieté régnait sans cesse dans ces relations fraternelles.

Ses manières pleines de bienveillance attiraient vers elle les petits enfants qui lui donnaient toute leur confiance. Si l'un d'eux était indisposé il allait le dire à Rosette; s'il prenait une épine au pied ou à la main, il la réclamait comme son chirurgien pour l'extraction et le pansement.

Et cette confiance du premier âge lui était conservée pendant les années de la jeunesse.

Les jeunes personnes surtout la prenaient pour leur confidente et leur conseillère. Plusieurs, sans doute, se rappellent encore les bons conseils qu'elles en ont reçus.

Sa charité pour les malades mérite particulièrement d'être signalée.

Chaque année, au temps propice, elle avait soin de

faire ample provision des fleurs et plantes médicinales qu'elle connaissait ; et comme elle était heureuse de les distribuer à ceux qui pouvaient en avoir besoin !

On peut dire qu'elle avait un don pour consoler et encourager les pauvres malades. Ses visites, toujours discrètes, ne les fatiguaient pas ; et, en la voyant entrer, les visages les plus assombris se déridaient et lui souriaient.

Par ses procédés pleins de délicatesse, elle savait leur faire accepter tous les secours spirituels et temporels.

Cet attrait pour les malades était chez elle comme un besoin ; aussi, m'a-t-elle dit plus d'une fois : mon bonheur eût été de servir dans un hôpital. Je la tranquillisais en répondant que si elle n'avait pas le costume de sœur hospitalière, elle en remplissait quand même les fonctions.

Dans ce cœur dévoué, les malades avaient la première place ; les pauvres et les affligés occupaient la seconde. Malgré la modicité de ses ressources, il était rare que les pauvres qui se présentaient à elle ne reçussent pas une petite aumône, toujours offerte avec bienveillance.

On la voyait souvent partir avec une amie, charitable comme elle, et aller auprès des habitants aisés solliciter des secours pour les pauvres de leur connaissance. Ces quêteuses, connues de tous, étaient généralement bien accueillies.

Les personnnes qui recevaient le produit de ces quêtes n'étaient pas plus heureuses que celles qui le leur transmettaient. Que de famille dans l'indigence ont été ainsi discrètement secourues !

Les besoins du corps ne sont pas seuls, le cœur a

aussi ses souffrances, et la tendre sympathie de ma sœur ne leur fit pas défaut.

Ayant passé elle-même par beaucoup d'épreuves, elle savait compatir à celles des autres ; elle recevait avec empressement les personnes affligées qui venaient lui faire part de leurs peines, et, dans les paroles de consolation et d'encouragement qu'elle leur adressait, il n'y avait rien de banal, tout venait du cœur ; aussi, le plus souvent elle adoucissait les plus cuisants chagrins, et cicatrisait les plaies encore saignantes.

Amie de la paix et de l'union, elle mettait tous ses soins à les établir ou à les rétablir ; jamais, selon une expression vulgaire, elle ne jetait de l'huile dans le feu, mais elle conseillait sans cesse l'indulgence et la miséricorde.

L'hospitalité était pratiquée par cette bonne sœur avec une cordialité que n'oubliaient pas ceux qui en avaient été, même une fois, témoins.

Ses visites, au dehors du village, étaient peu fréquentes, quoique bien désirées.

Une de ses plus intimes amies me disait combien elle était heureuse lorsque ma sœur venait la voir, et combien elle trouvait de charmes dans ses entretiens ; puis elle ajouta : Rosette savait se mettre à la portée de tous, et elle n'était déplacée nulle part.

Je pense ici aux vifs reproches que me ferait cette chère sœur, si elle m'entendait faire ainsi son éloge, elle si humble, si désireuse d'être ignorée !

Mais je me rappelle ces souvenirs pour ma consolation et afin de m'exciter à l'imiter, et, si je les communique aux personnes qui l'ont connue, c'est avec le désir de leur être agréable. L'Esprit-Saint dit dans l'Ecriture : Gardez-vous de louer qui que ce soit, tandis qu'il vit encore ; mais il ne défend pas de le faire après la mort. L'exemple de ceux qu'on a aimés est le plus salutaire.

Pour rendre un peu plus complète cette petite notice, je dois ajouter quelques lignes sur la vie privée de cette excellente sœur.

Les parents n'étaient plus et les frères s'étaient établis. Avec son jugement droit et doublé d'expérience, ma sœur comprit le parti qu'elle devait prendre. Sans doute, elle conserva toujours avec ses frères et leurs familles les relations les plus affectueuses ; au moindre signe, et pour le plus léger service, elle était là ; mais dès qu'elle n'était plus utile, elle savait se retirer.

Comment a-t-elle pu se faire à une vie de solitude, elle si active, si sociable? Deux choses lui ont suffi : le travail et la prière. L'auteur de l'Imitation de J.-C. conseille de n'être jamais entièrement inoccupé ; ma sœur a suivi ce conseil à la perfection ; le désœuvrement complet lui était insupportable et sa vie, on peut le dire, a été bien remplie.

Après l'entretien vigilant de son ménage, elle prenait avec joie son cher carreau sur lequel elle excellait à tresser de la belle dentelle. Un signe de croix recueilli précédait son travail. Cette occupation, qui semble fastidieuse, était pour elle pleine d'attraits.

C'était aussi un moyen d'augmenter ses petites ressources.

Généreuse de sa nature, ma bonne sœur était pour elle-même très parcimonieuse. La simplicité de sa mise en était une preuve : ses habits toujours propres et bien tenus étaient rarement neufs. La mode lui était complètement étrangère. En venant à Lyon, elle ne changea rien à son costume; aussi, un prêtre vénérable me disait un jour : J'estime votre sœur d'avoir conservé sa coiffure simple de la campagne; cela fait son éloge.

L'ordre et la simplicité vont souvent ensemble; ma sœur ne les séparait pas.

Lorsque, après sa mort, j'ai dû, malgré la peine que j'en éprouvais, ouvrir sa commode, soit pour offrir un souvenir aux personnes amies, soit pour faire aux pauvres une distribution convenable de son linge et de ses vêtements, j'ai été saisi d'émotion en voyant l'ordre qui régnait partout.

Au cours de ce pénible inventaire, j'admirais, les larmes aux yeux, comme chaque chose était à sa place : Rien d'embrouillé, rien de froissé. Elle n'avait point d'objet riche, elle avait offert toutes ses modestes dorures à N.-D. de Fourvière.

Mais ce qu'elle aimait, ce qu'elle se procurait selon ses ressources c'était le linge en quantité suffisante pour le cas d'une longue maladie. Le bon linge, les bons vêtements, tel fut son attrait, et personne ne voudrait lui en faire un blâme; elle mérite plutôt l'éloge que fait le Sage de la femme forte : « Elle ne craindra point pour sa maison ni le froid ni la neige, parce que tous ses serviteurs ont un double vêtement. Donnez-lui du fruit de ses mains, et que ses propres œuvres la louent dans l'assemblée des justes.

S'il est doux de rappeler les bonnes qualités de ceux qu'on a aimés, il l'est encore davantage de remémorer leurs vertus; plus que tout, elles sont dignes d'éloge.

La vraie piété se résume à aimer Dieu de tout son cœur et le prochain comme soi-même. Ma religieuse sœur aimait son prochain, je l'ai indiqué, mais aussi elle aimait Dieu de tout son cœur.

Il me semble la voir encore faisant sa prière : elle avait toujours les mains jointes, ne se permettant aucun laisser-aller, aucune complaisance ; elle priait avec respect et ne précipitait jamais la récitation.

La piété de cette chrétienne fervente n'avait rien d'exagéré, rien qui fût à charge ; c'était la dévotion recommandée par saint François de Sales qu'elle aimait de préférence.

Son amour de Dieu se manifestait même dans les petites choses. Quelle fidélité à ses pratiques religieuses ! Elle disait un jour bien confidentiellement à une de ses amies les plus intimes, qu'elle ne se rappelait pas d'avoir omis un seul jour, pendant vingt-cinq ans, la récitation du petit office en l'honneur du Sacré-Cœur de Jésus. Elle récitait aussi fidèlement l'office de la sainte Vierge et de saint Joseph, durant les mois qui leur sont spécialement consacrés ; j'en ai la preuve dans les petits livres dont elle se servait, ils témoignent par leur usure qu'elle les avait souvent entre les mains.

Sa dévotion à la T. S. Vierge fut surtout exemplaire. Depuis l'établissement de la Congrégation dans la paroisse, elle en fut membre, et membre des plus fidèles.

Désignée successivement trésorière et présidente, elle s'acquittait de ses fonctions avec un zèle admirable, et, comme elle avait à cœur la prospérité de sa chère confrérie !

Comprenant tout le bien qu'elle peut faire, elle y attirait les jeunes personnes qui en paraissaient dignes. Toutefois, malgré son indulgence naturelle, elle était très ferme pour l'observance du règlement.

Son attachement constant à la Congrégation de Marie

s'est encore manifesté peu d'instants avant son dernier soupir, lorsqu'elle a demandé d'être revêtue après
sa mort du costume de congréganiste.

La T. S. Vierge, j'aime à le penser, aura daigné ac-
cueillir avec tendresse, celle qui lui fut toujours si dévouée.

Ma bonne sœur était arrivée à sa soixante-sixième
année; jusque-là, sa robuste constitution n'avait pas
éprouvé d'atteintes sérieuses, mais, ainsi qu'une
lampe, elle s'éteignait épuisée par le travail et le dévouement. Des chagrins profonds avaient sensiblement
altéré sa santé; elle voyait ses forces défaillir à tel
point que dans la dernière visite qu'elle fit au village,
deux mois avant sa mort, elle dit à quelques personnes
amies: Je crois que je ne vous reverrai plus !

Le 22 décembre 1885, elle descendit à Lyon. A son
retour, quoique fatiguée, elle se rendit en toute hâte
auprès d'une voisine dangereusement malade; elle fit
son lit et lui rendit tous les services. Le soir encore,
elle resta longtemps auprès d'elle, ce fut son dernier
jour de travail, et cette dernière journée fut pour les
malades qu'elle avait tant visités toute sa vie.

Ne la voyant pas levée de grand matin selon son
habitude, je me rendis auprès d'elle. Quelle ne fut pas
ma surprise lorsque je l'entendis me dire: Je suis
bien fatiguée! puis elle ajouta ces mots que je parus ne
pas entendre mais qui me pénétrèrent jusqu'au fond
de l'âme: c'est fini ! Elle avait compris, dès le début,
la gravité de sa maladie. Une fluxion de poitrine s'était
produite, et le médecin ne put la conjurer, vu l'âge
déjà avancé et l'état d'épuisement de la malade.

Durant sa maladie, qui ne dura que sept jours, elle
conserva sa douceur et son sourire habituels, ména-

geant le plus possible les personnes charitables qui la servaient. Son exactitude à observer les prescriptions du médecin fut admirable : peu d'instants avant sa fin elle voulut encore prendre la potion indiquée.

La veille de sa mort, elle avait reçu les sacrements avec les sentiments de la foi la plus vive, indiquant elle-même ce qui convenait le mieux pour préparer sa chambre à la visite de Notre-Seigneur.

Selon ses désirs, je lui lisais quelques passages sur la patience et la conformité à la sainte volonté de Dieu. Elle m'encourageait à continuer en me disant : on ne retient pas tout, mais il en reste quelque chose.

J'ai admiré le courage que Dieu me donna en cette douloureuse circonstance.

Voyant ma tristesse que je cherchais à dissimuler le plus possible, elle me dit : que veux-tu ? c'est le cours de la vie, c'est la volonté de Dieu. — Son plus grand chagrin en se voyant mourir était de me laisser seul.

A ses derniers moments, elle avait encore toute sa connaissance ; elle souriait encore à toutes les personnes qui venaient lui faire visite. Quand elle ne put plus parler, son regard bienveillant suppléait à la parole.

Enfin, après quelques minutes d'une douce agonie, ma bonne sœur rendit sa belle âme à Dieu.

En terminant cette courte notice, j'ose demander aux personnes qui l'ont lue une prière pour le repos de l'âme de celle qui fut leur amie : c'est le but que je me suis proposé en écrivant ces lignes.

J'aime à croire que cette âme si chrétienne a déjà reçu la récompense promise au serviteur fidèle ; mais il est de la prudence de prier même pour nos défunts dont la vie a été édifiante.

J'en fais l'aveu : je prie pour mon excellente sœur, si elle avait besoin de mes suffrages; mais je l'invoque souvent; et, plus d'une fois j'ai éprouvé sa bienveillante protection.

Puissé-je, après avoir imité ses vertus, mériter de la revoir dans le séjour fortuné où il n'y aura plus de séparation! Ce doux espoir me console.

A l'appui de ce que je viens de dire sur ma bonne sœur, je cite trois des lettres que j'ai reçues à son décès; les auteurs voudront bien me permettre cette liberté.

Ambert, le 31 janvier 1885.

Mon Cher Cousin,

Quelle terrible nouvelle je viens de recevoir pour ainsi dire à la dernière heure de cette année! Elle vous a donc quitté cette âme d'élite qui ne vivait que pour Dieu et pour vous? D'ici, je vois couler vos larmes; et comme moi aussi j'ai besoin de pleurer! Je sais toute l'affection qu'elle avait pour ma famille, pour moi en particulier. C'est après une vie d'épreuves héroïquement supportées; après avoir donné constamment ici-bas l'exemple de toutes les vertus, qu'elle s'est endormie dans le Seigneur. Oh! comme nous avons lieu d'espérer que le Dieu bon l'aura accueillie dans toute l'étendue de sa miséricorde et de son amour.

Cependant, si cette chère défunte avait encore besoin de prières, croyez bien que les miennes ne lui feront pas défaut.

Veuillez agréer les sentiments de bien vive condoléance de votre très dévoué cousin.

Antoine BOST.

Beaurepaire, 3 janvier 1886

BIEN CHER MONSIEUR L'ABBÉ,

Lorsque j'ai reçu la nouvelle du décès de mes frères et sœurs, je n'ai pas été plus douloureusement affecté qu'en apprenant la mort de mademoiselle Dupin.

Cette vertueuse et sainte fille était si douce si aimable pour tout le monde, que sa perte sera sensible à tous ceux qui avaient l'avantage de la connaître.

C'est une âme juste de moins sur la terre, mais une sainte de plus dans le Ciel.

Selon vos désirs, je prierai pour elle.

Je prends une grande part à votre douleur.

Votre respectueux et bien dévoué

Frère LÉONCE.

Craponne, 6 janvier 1886.

MONSIEUR L'ABBÉ,

A la réception de votre lettre, j'ai demandé à Dieu la force d'y répondre pour vous dire toute la part que je prends à votre chagrin. Ah! je le partage d'autant plus que, mieux que personne, l'amie de votre sœur sait ce que vous perdez.

Oui, j'en ai la douce assurance, elle est au ciel ma si pieuse amie; les richesses de son âme m'étaient connues depuis longtemps, elle seule semblait les ignorer.

Dieu l'a appelée pour lui faire cueillir les fleurs et les fruits d'une vie toute de sacrifices et de dévouement.

Je la pleure, parce que je perds ici-bas une vérita
ble amie, mais je sais que dans le Ciel elle se souvien
dra de celle qui lui avait voué toute son affection.

Agréez, Monsieur l'Abbé, mes respectueuses et bien
vives sympathies.

J. C

28259 Imp. WALTENER ET C°, rue Belle-Cordière, 14. — Lyon.